Verrückte Strafrechtsfälle

von

Karl Alfred Hall

mit Zeichnungen von

Ruth Knorr

N. G. Elwert Verlag
Marburg

CIP-Kurztitelaufnahme der Deutschen Bibliothek

Hall, Karl Alfred:
Verrückte Strafrechtsfälle / von Karl Alfred Hall.
Mit Zeichn. von Ruth Knorr. – 3. Aufl. – Marburg:
Elwert, 1985

ISBN 3-7708-0817-7

NE: Knorr, Ruth:

3. Auflage 1985

Eukerdruck KG, Marburg

Die Windsbraut

Roland fährt mit seiner Braut Motorrad. Bei einer Rast sagt sie zu ihm: „Laß mich auch mal fahren!“ „Kannst Du das auch? Du hast ja keinen Führerschein.“ „Aber ja! Mein Vati ist doch bei der Tankstelle!“ Und schon schwingt sie sich auf den Führersitz.

Seufzend besteigt Roland den hinteren Sitz. Sie fährt 50, 60, 70, 80 km^h. Roland schreit ihr zu: „Mädchen, Mädchen, fahr nicht so schnell! Gas weg!“ – Da kommt ein Windstoß und bauscht der Braut die Röcke hoch. Sie läßt vor Schreck die Lenkstange los und streift die Röcke herunter.

Das Motorrad saust in einen Lattenzaun. Der Zaun wird beschädigt. Braut und Bräutigam kommen mit dem Schrecken und leichten Verletzungen davon.

Wie ist der Fall strafrechtlich zu beurteilen?

Werthers Leiden in den Fakultäten

Die Geliebte schlägt dem Geliebten, Ludwig, eine ihr nicht gehörige seltene Erstausgabe von „Werthers Leiden“ allszu's um die Ohren. „Der hat sich doch wenigstens noch angestrengt!“

Wie würde Ludwig sich verhalten, wenn er

a) ein Theologe
b) ein Philologe
c) ein Mediziner
d) ein Nationalökonom
e) ein Jurist

ist und wie ist der Fall jeweils strafrechtlich zu beurteilen? – Ja, was macht man denn da?

Zwei Kavaliere und eine Tänzerin

Zwei Kavaliere, Forte und Adagio, liebten eine Tänzerin. Sie beschied sie zu sich und sprach: „Meine Herren! Sie lieben mich beide gleich, ich selbst vermag nicht zwischen Euch mich zu entscheiden. Das Schicksal soll diesen Widerstreit beenden. Ich kredenze Ihnen zwei Becher Wein. In einem der Becher ist Gift. Bitte wählen Sie und trinken Sie.“

Die Herren waren es zufrieden, wählten und tranken. Adagio starb.

Wie ist der Fall strafrechtlich zu beurteilen?

Wie wäre zu entscheiden, wenn beide Becher Gift enthielten und beide Herren wählten, tranken, starben?

Wie, wenn die Tänzerin vorher das Spiel mit Forte verabredet hätte und Adagio den Giftbecher zuschiebt?

Wie, wenn Forte nun aber voreilig, das Spiel nicht durchschauend, den für Adagio bestimmten Giftbecher nimmt, trinkt, stirbt?

Wie, wenn der Vorschlag von den beiden Herren gemeinsam ausging und Adagio stirbt?

Gift und Liebe

oder Undank ist der Welt Lohn

Ist auch der Mensch voll Tück' und Lügen
Ist doch die Erde wunderschön!

Prinz Rosa Stramin

Zwei Zauberinnen, Pompadur und Pompamoll, vermieten ein Zimmer an einen jungen Studenten von gewinnendem Wesen. Weil sie bei ihm – ganz ohne Grund – viel Geld vermuten, beschließen sie, ihn umzubringen. Die Pompadur braut aus Wein und einigen Essenzen einen einschläfernden Trank. Die Pompamoll soll ihm den Becher mit freundlichem Lächeln reichen und ihm, während er in tiefem Schlafe liegt, ein tödliches Gift einflößen.

Sie bringt ihm also den Becher. Der trinkt und fällt zu ihrem Entsetzen sogleich in Ohnmacht. Ob Pompamoll erkannt hatte, daß die böse Pompadur schon mehr als genug getan hatte? Der Betäubungstrank enthielt nämlich tatsächlich ein tödlich wirkendes Gift. Jedenfalls ergreift sie Reue, Mitleid und endlich auch die Liebe. Sie flößt ihm ein Gegengift ein, das sie mit einem im übrigen nicht weiter schädlichen Liebestrank vermischte.

Nach Stunden erwacht der Student. – Unbegreiflicherweise wenden sich die Leidenschaften des unmündigen Philologen den Reizen der gleißnerischen Pompadur zu, welche dankbar die süßen Früchte der Sinnesänderung ihrer bitter enttäuschten Schwester genießt.

Wie ist der Fall strafrechtlich zu beurteilen?

Die Versetzung

Der Stadtchirurgus Dr. med. Thorax hat zwei Töchter, Thekla und Sabine, 17 und 15 Jahre alt, naturliebend aber schwach in der Mathematik. Ihr Klassenlehrer, Studienrat Dr. Knirschler, muß sich operieren lassen. Dr. Thorax wird ihm keine Rechnung schicken, wegen der Versetzung zu Ostern und weil Knirschler ihm für seine Älteste als Schwiegersohn willkommen wäre.

Während der Studienrat langsam in Narkose sinkt, wetzt der Chirurg die Messer und spricht dabei:

Versetze meine Töchter!
Versetze meine Töchter!
Dann zahlst Du nichts.
Dann zahlst Du nichts.
Versetze meine Töchter!
Versetze meine Töchter!
Dann zahlst Du nichts.
Dann zahlst Du nichts.

Nach 14 Tagen wird der Patient geheilt entlassen. In dem dunklen Gefühl, Herrn Dr. Thorax und seinem Hause auch eine Freundlichkeit erweisen zu müssen, verführt er Sabine und versetzt sie unverdientermaßen nach Untersekunda. – Thekla aber läßt er verdientermaßen sitzen.

Wie ist der Fall strafrechtlich zu beurteilen?

Der Volkswagen

oder Du sollst das Alter ehren

Wie jeder Gebildete weiß und wie auch das Gericht tatsächlich festgestellt hat, hat der Volkswagen den Motor hinten. Bertha und Luise aber, zwei verarmte alte Damen, wußten es, wie sie glaubhaft versichern, nicht, obwohl sie seit ihrer Jugend einen Führerschein haben.

Eines schönen Tages fahren sie mit ihrem alten VW auf Waldwegen nach Bad Homburg vor der Höhe. Vor ihnen fährt im eleganten Volkswagen Cabriolet ihr junger, reicher Neffe René. „Verdammt noch mal!" denkt René. „Wie werde ich nur die beiden alten Schachteln los? Möchte so gerne ungesehen mit Gwendalina tanzen. – Außerdem wird mir das zu teuer." – Da kommt ihm ein rettender Gedanke.

Er hält plötzlich an; macht die Kühlerhaube vorn auf und fuchtelt aufgeregt mit den Armen hin und her. Die beiden alten Damen halten und fragen, ob er etwa eine Panne habe. „Ja, der Vergaser in meinem Motor ist plötzlich ausgefallen, und ich habe keinen Ersatz bei mir. Bitte seid so gut und leiht mir eben den Vergaser aus dem Ersatzmotor, den Ihr hinten in Eurem VW habt." „Aber gern, mein Junge, wollen wir Dir behilflich sein."

Mit wenigen aber kundigen Handgriffen baut René den Vergaser aus dem angeblichen Ersatzmotor im Wagen von Bertha und Luise aus und tut dann so, als montiere er den Vergaser in den Motor unter der Kühlerhaube seines Wagens. – Alsdann tritt er fröhlich auf's Pedal und braust mit den Worten „Auf Wiedersehen in Homburg!" auf und davon.

Die beiden alten Damen versuchen vergeblich den Motor ihres Wagens wieder in Gang zu bringen. Er springt nicht an und springt nicht an. Sie verbringen eine lange, bange Nacht allein auf einsamer Landstraße, bis sie ein Waldhüter am frühen Morgen, frierend und dem Weinen nahe, findet. – Leider ist Tante Luise nach dieser aufregenden Nacht wahnsinnig geworden.

Wie ist das Verhalten René's strafrechtlich zu beurteilen?

Nachschrift. Als er nach kurzer, schneller Fahrt Bad Homburg erreichte, ist er Gwendalina nicht wieder begegnet. War sie schon abgereist? Doch niemand weiß, wohin.

Allegro ma non troppo

Leutnant von Karfunkelstein und Fräulein von Pastell musizieren miteinander. Er bläst Flöte. Sie begleitet ihn am Cembalo und singt dabei:

Niemand weiß, wie schwer mir's fällt
Flammen in der Brust zu hegen
Und sie dennoch vor der Welt
Nicht ans freie Licht zu legen.
Feuer läßt sich nicht verhehlen,
Denn sein Glanz ist allzu klar
Und die Glut verliebter Seelen
Macht sich selber offenbar.

(Hofmann von Hofmannswaldau)

Beim Abschied sagt sie noch: „Ja, Flammen!“ und sieht ihn an. – Auf dem Heimweg zündet er – trunken von Glück – das Polizeipräsidium an.

Wie ist der Fall strafrechtlich zu beurteilen?

Nachschrift. Als er aus dem Gefängnis kam, bat er um ihre Hand. Sie sah ihn wieder an und hat ihr Jawort jauchzend hochgehaucht.

Jagdglück

Die große Strafkammer des Landgerichts hat tatsächlich festgestellt:

Prinz Kamadewa entführt aus den Gehegen seines Onkels, des bösen Zauberers Assab, eine Gazelle. Sie folgt ihm willig und sieht ihn traurig an. Als er das schöne Tier über die Augen am Halse hin streichelt, verwandelt es sich unter seinen Händen in die Prinzessin Alalindra.

Während die Liebenden in der Herberge nebeneinander ruhen, verändert der tobende Zauberer seinen Hauseunuchen Hassan in einen Goldfasan. Ihn schickt er den Fliehenden als Kundschafter auf die Fersen, um sie mit großer Kriegsmacht einzuholen.

Im Morgengrauen weckt heiseres Gekrächze den edlen Prinzen. „Hassan! Hassans Stimme!" wähnt er noch im Traum. „Mein Schwert! Mein Schwert!" Und endlich sich ermunternd: „Ach, nur ein Goldfasan!" – Um den Schlummer der Geliebten nicht stören zu lassen, ergreift er Pfeil und Bogen und schießt den bunten Vogel.
Wie wäre auf Grund dieser Feststellungen der Fall nach geltendem deutschen Strafrecht zu beurteilen, wenn er sich heutzutage irgendwo zwischen Bonn und München zugetragen hätte? – Und wie wäre zu entscheiden, wenn der Goldfasan ein Strauß gewesen wäre?
In welche Verlegenheit käme endlich der Bundesgerichtshof, wenn der Verteidiger gegen das Urteil der großen Strafkammer Revision einlegen würde?[1])

[1]) So kann es nicht gewesen sein. Das Landgericht muß sich geirrt haben.

Schiffbruch

Não mais, Musa, não mais,
que a Lira tenho destemperada ...

Genug, Muse, genug!
Die Leier ist verstimmt ...

Camões, Lusiaden X, 145

In den Herbststürmen des Jahres 1560 scheiterte eine portugiesische Karavelle auf der Fahrt von Macao nach Goa vor der Mündung des Mekong. Unter den an Land schwimmenden Schiffbrüchigen ringt auch der große Dichter Luis de Camões mit den Wellen. Mit der Rechten gewaltig die Wogen zerteilend, hält er in der Linken hocherhoben das Manuskript seiner unsterblichen Lusiaden.

Da umschwimmt ihn schmeichelnd Dinamene, die Meerjungfrau, Tochter des Kapgeistes Adamastor. Munter plätschert sie bei mäßig bewegter See um ihn herum, mal ist sie hier, mal da, so daß der Dichter gar nicht weiß, wohin er den Kopf wenden soll. Manchmal schwimmt sie auch unter ihm durch. Hätte Camões jetzt beide Hände frei, hätte er sie links am Fischschwanz, rechts an der Nase fassen können.

Wie, wenn nun in diesem Trubel der irritierte Poet das Manuskript ins Wasser fallen läßt, Dinamene es schnell ergreift und in ihre Schuppen steckt – welche Gegenwehr wäre dann Camões nach geltendem deutschen Strafrecht unter Berücksichtigung der römischen Konvention zum Schutze der Menschenrechte und Grundfreiheiten vom 4. November 1950 erlaubt?

Empfindsame Reise zum Mond

oder Feindlichkeit und Freundlichkeit des Mondes

Dem atlantischen Raumfahrtunternehmen Apollo 27 wird erstmals als Lunesse die Marburger Physikstudentin Erdmuth Weltlin zugeteilt.

Unter den Astronauten befindet sich auch der französische Leutnant Raymond de la Motte de Terre.

Die Psychologen im Kommandostab der Raumfahrtbehörde in Karlsruhe haben anfängliche Bedenken gegen die Einstellung dieser beiden jungen Menschen zurückgestellt, nachdem vor Antritt des Raumfluges alle Teilnehmer eindringlich verpflichtet wurden, sich mondgemäß zu benehmen, rein sachlich zu arbeiten und sich aller Emotionen zu enthalten.

Fräulein Weltlin und Leutnant de la Motte de Terre haben u. a. auch die Aufgabe, auf dem Mond geophysikalische Messungen vorzunehmen. Zu Beginn der langen 14 Erdentage währenden Mondnacht sehen sie, wie die blaue Erde am Horizont der Mondlandschaft leuchtend steht. Überwältigt flüstert Erdmuth den Namen:

WERNHER VON BRAUN

Raymond vernimmt es per Funk und hebt die Arme zur Erde empor: „O la terre! O l'atmosphère! O l'amour!"

Erdmuth taumelt ihm zu, reißt den Raumhelm vom Haupt und sinkt entseelt in den lunaren Staub.

Nach der Rückkehr zur Erde soll der Leutnant de la Motte de Terre zur Verantwortung gezogen werden. Wie wäre sein Verhalten nach geltendem deutschen Strafrecht zu beurteilen?

Nachschrift: „Soviel ist gewiß, der Mond erhellt durch sein mildes Licht ... unsere Nächte und sieht zu, wie die Knaben die Mägdlein küssen ... Hinwiederum scheint die Erde mit ihrem Sonnenglanz in wechselndem Licht an die finstere Halbkugel des Monds und erhellt ihre lange, lange Nacht."

(Joh. Peter Hebel, Allgemeine Betrachtungen über das Weltgebäude)

Die Moorleiche

Die lunophile Fassung des Falles

Zu Undeloh in der Heide fand man im Moor die Leiche der schönen Gesine.

Ihr jüngerer Freund, mit dem sie ging, Henning Haverlah gesteht: „Weil sie uns nicht zueinander lassen wollten, beschlossen wir, zusammen in den Tod zu gehen. Sie kam auf den Gedanken, weil ich so traurig war. Und so haben wir uns im Mondlicht auf schwankem Moos tanzend ins Moor gewendet. Beinahe hätte sie mich mit hinabgezogen. Aber in der Angst wuchsen mir die Kräfte." Mehr sagt er nicht aus.

In den Kleidern der Toten wird ein Blatt Papier gefunden. Darauf steht von Gesines Hand geschrieben: „In seinen starken Armen will ich mit ihm sterben. Aber er tut es nur, wenn ich es ihm befehle."

Die lunophobe Fassung des Falles

Aus einem verlassenen, moorigen, abgesoffenen Schacht einer Zeche in Hamborn wird die Leiche des 22jährigen Kumpel Hasso geborgen.

Sein 21jähriger Freund, mit dem er ging, Hanno, gesteht: „ ... (siehe oben) ... Er kam auf den Gedanken, weil ich so traurig war. Und so sind wir im flackernden Schein der hohen Gasfackel der Ölraffinerie Arm in Arm auf glattem Stege wankend in den Schacht geglitten. Beinahe hätte er ... (siehe oben) ..." ...

In Hassos Jacke steckte ein Zettel. Darauf steht von seiner Hand geschrieben: „ ... (siehe oben) ..."

Wie ist der Fall in der einen oder anderen Fassung unter den jeweils gewünschten Beleuchtungsverhältnissen strafrechtlich zu beurteilen?

Die Zwi

Henkeltopf und Brezelbrüder

1. Der ledige Töpfergeselle Johann Caspar Henkel ist leider schizophren. In seinem Wahn der Selbstentzweiung bildet er sich ein, in zwei Gefäßen, als zwei Personen, „Johann Henkel" und „Caspar Henkel" zu existieren. Er stellt sich gerade als „Johann" vor, der seinen Zwillingsbruder „Caspar" leidenschaftlich haßt und aus dem Wege räumen will. Mit geladener Pistole geht er auf sein Spiegelbild zu. Er schaut in seines „Bruders" wutverzerrtes Angesicht und sieht ihn mit einem Revolver auf sich zukommen. Da läßt er vor Angst die Waffe sinken und zu seinem Erstaunen „der andere" auch. „Da haben wir mal wieder Schiß voreinander gehabt", lachen „sie beide" auf.

2. Ernst Kreis und August Kreis, Brezelbäcker und Zwillingsbrüder, sind „holophren". In einem seltsamen Ganzheitswahn bilden sie sich ein, eine Person, ein Teig, ein Kreis: „Ernst August Kreis", zu sein. Der also vorgestellte „Ernst August" wähnt, der Liebe eines Mädchens nicht mehr würdig zu sein, und beschließt, aus dem Leben zu scheiden. – So geschieht es in der Wirklichkeit, daß die Brüder, während sie Arm in Arm im Nebel miteinander gehen, die Waffe aufeinander richten. Glücklicherweise verfehlen beide Schüsse ihr Ziel.

Wie wären diese beiden Fälle, unbeschadet der Tatsache, daß unsere drei genannten Freunde sich der Unzurechnungsfähigkeit erfreuen dürfen, strafrechtlich zu konstruieren?

St. Christophorus vom Piccadilly-Circus

Matara Terengganu, die junge Tochter des malaiischen Sultans, ist zum ersten Mal in London. Sie geht mit ihrem siebenjährigen Söhnchen Achmed über den Haymarket. Da fällt ihr Blick auf ein Schild am Portal eines altmodischen Geschäftshauses. Darauf steht – auf englisch natürlich –: „Elly Pinkerton Laufmaschenschnelldienst 6. Stock."

Sie geht hinein. Aber der Kleine fürchtet sich vor dem Paternoster-Aufzug. „Sei schön still, mein Tamarindenzweig!" tröstet sie ihn. „Ich geh eben zur Laufmaschenmeisterin. Setz Dich auf diese Bank und spiel mit diesen drei Orangen. In einer kleinen Stunde ist Deine Mutter wieder da." Sie rückt seinen Turban zurecht, küßt ihn und fährt hinauf.

Bei Mrs. Pinkterton braucht sie nicht lange zu warten. Nach einer halben Stunde hat der service sie bedient.

Im Hinausgehen liest sie auf einem Messingschild: „Svetlana Allelujewna, Salon für Chiromantic." Da sollte man sich doch erkundigen. Aber sie muß lange warten. Neun Ladies sitzen vor ihr, lässig in den Journalen blätternd. Nachdem mittlerweile drei europäische Stunden vergangen sind, wird sie endlich vorgelassen. Svetlana Allelujewna blickt sorgenvoll auf Mataras Handlinien, streichelt sie zärtlich und spricht:

„Ein Seeadler wird über deinem Paradiesvogel schweben."

Voll dunkler Ahnung eilt Matara hinunter. – Achmed, Achmed ist verschwunden!

Verzweifelt irrt die Mutter am Ufer der Themse. Irgendwo in der Nähe der Waterloo-Bridge fällt sie in die Underground und fährt ziellos durch London. Leise schluchzt sie vor sich hin. Die Fahrgäste sehen verlegen in ihre Zeitungen. Nur einer der Herren blickt von der „Daily Mail" auf, überwindet die angeborene Zurückhaltung, wendet sich an Matara: „Is there anything I can do for you?" „Oh my Kolibri, my little Kolibri!" stößt sie hervor. „Your Colibry?!" Man bedeutet ihr, sie möge nur in Greenwich aussteigen. Wo eine Sternwarte sei, könne eine Vogelwarte nicht weit sein.

Was war geschehen? – Achmed hatte eine Weile artig mit den Apfelsinen gespielt. Dann lockt ihn die warme Septembersonne und das Lärmen der Londoner Gassenjungen auf Entdeckungsreisen. – Bald steht er am Piccadilly-Circus. Die vielen bunten Reklameschilder und der ungeheure über das Rondell brausende Verkehr verwirren ihn. Er fängt bitterlich an zu weinen.

Der Bobby John Evans nimmt sich den Kleinen, stoppt einen Moment den Verkehr, hebt ihn auf seine Schultern, geht zur Mitte des Kreises, wo über einem Brunnen die Figur eines geflügelten Eros schwebt, und setzt ihn über das Geländer. „Schön hiergeblieben, bis ich Dich hole!" droht er mit dem weißen Stock.

Achmed hat seine Benommenheit bald überwunden und läßt sich vom Genius loci ergreifen. Er tanzt, schlägt Rad und Purzelbäume, wirft die Orangen in die Höhe und seine Gewänder auf den Rasen.

So etwas war noch nie da. London jauchzt. Heilsarmee und Hippies machen bunte Reihe und tanzen um den Eros. – Die Beatles zerreißen ihre Kleider, stürmen einen Blumenstand. Sogar die alte Blumenfrau hüpft vor Freude: „Nehmt, Ladies and Gentlemen, nehmt! Das ist mein und des Empire letzter Tanz."

Endlich, als es kühler geworden war, läßt sich Achmed auf seine Gewänder niedersinken und schläft ein. – Die Londoner und Londonerinnen entfernen sich auf leisen Sohlen, die Busse fahren ohne zu hupen, um die Ruhe des kleinen Schläfers nicht zu stören. – Nur Lady Windermere ist so frei, über den Stakettenzaun zu steigen und ihn mit ihrem Pelz zu bedecken.

Nach seiner Ablösung hebt Evans den Schlafenden auf und trägt ihn auf seinen Armen über den Platz. – Das sei gleich bemerkt: Wie recht war es von Lady Windermere, so frei zu sein; denn Achmed ist nicht gestorben, sondern mit einem kräftigen Schnupfen davon gekommen.

Evans bringt Achmed zu seiner Schwiegermutter, Mrs. Becket, die in einem Reihenhaus in Southend wohnt und für die elfjährige Tochter seiner verstorbenen Frau sorgt und schon lange der Meinung ist, daß Margaret einen kleinen Bruder braucht.

Und weiter . . . ? Als John Evans sich seinen Boy näher betrachtet, erinnert er sich, daß er vor sieben, acht Jahren in Malaysia stationiert war. „So, so!" denkt der geneigte Leser. Und so war es denn auch.

Im übrigen: es kommt bald heraus, wo Achmed steckt, da Mrs. Becket in Lady Windermeres Mantel auf der Regent Street gesehen wird.

Wie wäre der Fall nach deutschem Strafrecht zu beurteilen?

Fenstersturz auf dem Dorfe

Die ledige Magd Marika Combeymek aus Boheimkirchen bei St. Pölten – chaotisch, dumpf und ungestalten – hält ihren kleinen Franz aus dem Fenster des ersten Stockwerks des Gasthauses „Zur Sonne", um ihm die Welt zu zeigen. Was es auf dem Dorfplatz nicht alles zu sehen gibt! Menschen, Tiere, Autos, Erntewagen. Auch der Dorfgendarm, der Bürgermeister und der Herr Pfarrer gehen vorbei. Sie drohen lächelnd mit dem Finger: „Sind Sie vorsichtig!" Aber Marika drückt ihren Kleinen nur um so fester an sich.

Ja da schau her! Wer kommt denn da? Ganz unerwartet! Der Kindesvater, Heiner Kälble vom FC Reutlingen. – „Heini! Komm bei mich!" schreit Marika auf und breitet weit die Arme aus. –

Mit einem Freudenjauchzer landet der kleine Franz auf einem Heuwagen, der gerade unter dem Fenster steht. Nichts ist ihm geschehen! – „Hätt'st au g'schickter schmeiße könne, domme Kuah!" läßt mißmutig sein Erzeuger sich vernehmen.

Wie ist der Fall strafrechtlich zu beurteilen?

Und wie wäre zu entscheiden, wenn das Franzl gerade am Heuwagen vorbei sich zu Tode gefallen hätte?

Perlen auf dem Richtertisch

Helene Lewerenz geb. van Leeven ist die Gattin eines bescheidenen Buchhalters in Xanten am Niederrhein, der seine schöne junge Frau liebt und scheu verehrt. Ihre Ehe ist glücklich. Sie leben zurückgezogen mit ihren Kindern.

Nur einmal im Jahr überkommt die Frau eine Unruhe. Es zieht sie nach Wien zu ihrer Freundin, die einem alten Admiral den Haushalt führt. Drei Wochen genießt sie die große, glänzende Stadt und schwärmerische Briefe gehen von der Donau an den Niederrhein. Von jeder Reise bringt sie ein schönes, „aber natürlich nicht echtes" Schmuckstück mit, das sie sich „von ihrem Reisegeld abgespart" hat.

So gingen zwölf Jahre dahin. Dann starb sie, von den Ihren tief betrauert.

Bald nach ihrem Tode hört man die Witwe Gilbich in der Nachbarschaft herumreden: „Die Lewerenz mußte sich ja mit unechtem Schmuck behängen! Na, woher sollte es auch kommen?"

Eduard Lewerenz ist empört. Er wendet sich an seinen Anwalt. Aber der erfahrene Jurist rät ab, gerichtliche Schritte gegen Frau Gilbich zu unternehmen. Die Frau sei als besonders gehässig gefürchtet und habe mit ihrer scharfen Zunge schon viel Unheil angerichtet. – Doch der tiefgekränkte Mann besteht darauf, daß Privatklage erhoben und Strafantrag gestellt wird.

Die Verhandlung findet vor dem Amtsrichter statt. Herr Lewerenz hat den Schmuck mitgebracht und trägt vor: Natürlich sei der Schmuck unecht. Echten hätten sie sich gar nicht leisten können. In dem Hinweis auf seine relativ bescheidenen Verhältnisse läge eine ganz besondere Gehässigkeit. Im übrigen hätte seine Frau Freude an dem Schmuck gehabt und ihn dezent getragen. Und für ihn und seine Kinder seien diese einfachen Tropfen und Kugeln ein teures Andenken an die früh Verstorbene.

Der Richter betrachtet die Perlen und hält sie gegen das Licht. Dann wendet er sich an die Beschuldigte: „Ich verstehe nicht, Frau Gilbich, was sie eigentlich wollen. Der Schmuck ist echt. Ich kann das einigermaßen beurteilen, denn ich stamme aus einem großen Juweliergeschäft in Köln." „Echt ist der Schmuck! So, so! Sieh mal einer an! Das ist ja interessant. Woher denn?"

Da rafft der Mann die vom Richtertisch rollenden Perlen jäh zusammen.

Sein Anwalt bittet um Vertagung. – Wie wird er nunmehr den Fall strafrechtlich beurteilen? Welche prozessualen Möglichkeiten wird er erwägen? Und welchen Rat wird er schließlich seinem Mandanten geben?

Aus den Erinnerungen eines alten Anwalts frei nacherzählt.

Vgl. Guy de Maupassant, Die Schmuckstücke.

Der Apotheker von Laubuseschbach

oder Die kalte Schulter

Dr. Achatius, Apotheker in Laubuseschbach, geht an einem stillen Herbstabend, wenn der Rauch aus den Kaminen gerade aufwärts steigt, den Hang hinauf und läßt sich auf einer Bank am Waldrand nieder. „Hier, hier, hier hat sie mir die kalte Schulter gezeigt! Ich habe zu ihr gesagt: ‚Komm auf mein Schloß mit mir!' Sie aber hat spitz geantwortet: ‚Sie meinen wohl Ihre Apotheke, Herr Provisor!'"

„So bin ich allein geblieben und zu einem misogynen Einzelgänger geworden. Das will ich ihr an ihrem Geschlechte vergelten. – Ich senke jetzt Tollkirschensamen in die Erde. Wenn nach Jahr und Tag wieder ein junger Mann mit seinem Mädchen dieses Weges kommen wird, dann werden sie sich auf dieser Bank niedersetzen, und er wird zu ihr sagen: ‚Du hast genau so schwarze Augen wie diese Beere da!' Er wird eine Tollkirschenbeere pflücken und ihr geben. Sie wird sie essen und daran sterben."

So wie Dr. Achatius es sich vorgestellt hatte, geschieht es nach 20 Jahren hier an dieser Stelle: Ein junger Mann bietet einem Mädchen die dunkle Beere an. Sie nimmt, ißt, stirbt. – Dr. Achatius aber lebt immer noch.

Wie ist der Fall strafrechtlich zu beurteilen?

Walzerklänge

Rahel Iversen, Studentin der Soziologie und Kunstgeschichte, führt ihrem eisgrauen Onkel, Kammergerichtsrat i. R. Wolf von Teutenow und seiner gebrechlichen Schwester Mathilde den Haushalt. Rahel ist schön und ausgestattet mit allen Gaben des Geistes, aber leider nicht der Seele. Sie verkehrt nämlich in linksintellektuellen Kreisen. Darüber ist schon eine Verlobung mit einem Oberleutnant auseinandergegangen. Jetzt hält sie es mit einem Journalisten (Feuilleton!), was Onkel und Tante höchst unpassend finden.

Rahel bringt die alten Herrschaften aber auch tagtäglich zur Verzweiflung. Neulich hat sie mit schrillem Auflachen den Konfirmationsspruch von Tante Mathilde von der Wand gerissen, was auch den Onkel stark erregte. Sie hat die Wände mit grellen Farben angestrichen und mit surrealistischen Bildern bepflastert. Im Flur hat sie Fotos aus Illustrierten angeheftet, welche die Tante „beispiellos“ findet, die der Onkel aber noch hin und wieder gerne betrachtet.

Das schlimmste aber sind die endlosen Vorträge, welche die fanatisierte Philologin ihrem Onkel über Kunst, Politik und Weltanschauung hält. Dem alten Herrn – zu geistiger Gegenwehr wohl kaum noch fähig – tritt dabei der kalte Schweiß auf die Stirn. Er kann eigentlich nur noch Jagdgeschichten erzählen.

Wie oft ist Rahel nicht schon von Tante Mathilde ermahnt worden, ihr exaltiertes Gehabe zu mäßigen: „Du bringst den Onkel noch vor der Zeit unter die Erde!“ „Und wenn schon“, erwidert sie kühl, „der hat lang genug gelebt! Im übrigen ist es nur gut für Euch, wenn ich Euch geistig etwas durcheinander bringe.“

Aber manchmal tut ihr der alte Mann doch leid. Darum erscheint sie ihm auf einem eilig arrangierten Künstlerfest als Diana, um ihm eine Freude zu machen. Da erwacht das alte Jägerblut! Er stürzt auf sie zu und verscheidet in ihren Armen unter Walzerklängen.

Tante Mathilde hält das für einen Skandal. Der alte Hausarzt meint, daß Herr v. Teutenow bei verständnisvollerer, sanfter Behandlung noch gut sechs Jahre hätte leben können. Das findet der Staatsanwalt auch.

Wird er Anklage erheben?

Der Dentist im Nonnenkloster

Erzählt von einem Geistlichen aus dem Schaumburgischen

Zu Elsterbach im Kloster hat Hans Schmelzlein, ein Dentist, 27 jungen Nonnen die Zähne zu plombieren. Da er bis zum Abend nicht fertig werden kann, wird ihm ein artiges Mahl vorgesetzt und – extra clausuram versteht sich – ein Gästezimmer eingeräumt.

Des nachts weiß Herr Schmelzlein nicht, wo . . . Und so irrt er im Hemd im Kreuzgang umher. Da begegnet ihm eine steinalte Nonne mit einem Leuchter in der Hand. Die kreischt auf. „ICH BIN KEIN GEIST, ICH BIN KEIN GOTT, ICH BIN DENTIST", stammelt er. „Wüstling!"schreit sie und wirft nach ihm mit dem Leuchter. – Schmelzlein wendet sich zur Flucht, stolpert über eine Stufe und schlägt sich sein Knie auf.

Wie ist der Fall strafrechtlich zu beurteilen?

Versuchung und Tod eines seltsamen Heiligen

In einem Tal von armen Hirten hauste in einer Höhle der Eremit Butar Tara Singh. Von allen Landen zogen die Pilger zu ihm, von Tibet, von Nepal, von Bhutan, von Sikkim, von Assam, von ganz Asien, ja von Europa und Amerika. Und mit ihnen kamen die Händler und die Wirte. So wurde das arme, vergessene Dorf bald in aller Welt bekannt und reich.

Die Amerikaner ließen sich die Gelegenheit nicht entgehen. Sie filmten Butar Tara Singh und leuchteten seine Höhle mit meditationsfeindlichen Strahlen an. Mit Verdruß zwar, aber mit Geduld erträgt der Heilige alles. Als aber eine schwedische Journalistin ihn um ein Interview für „Dagens Nyheter" bat, wurde es dem Alten zu viel. Er erklärte, das Dorf verlassen zu wollen und die Einsamkeit weit oben in den Bergen zu suchen.

Da kamen die Ältesten zu ihm und sprachen: „Heiliger Mann! Als Du vor Jahren zu unseren Hütten kamst, hungerten unsere Kinder und dürstete unser Vieh. Nun da von allen Weltgegenden die Pilger zu Dir strömen, sind wir zu bescheidenem Wohlstand gelangt. Wir lieben und verehren Dich. Verlange alles, was wir besitzen, aber bleibe bei uns!" – Er aber blieb fest bei seinem Entschluß, von dannen zu ziehen.

Da spannen die Ältesten einen tückischen, ränkevollen Plan: „Wenn er schon von uns geht, sollen die anderen auch nichts von ihm haben. Wir nehmen ihm seine Heiligkeit. Die Schluchthexe Gomulcha soll ihn verführen."

Mit allen ihren Künsten, Liedern, Tanz und Saitenspiel und nachtdunklen Augen warf die Nymphe die Netze nach ihm aus. Der Heilige wankt. – Aber er richtet sich wieder auf und scheucht sie mit Scheltworten von sich.

Als alle Versuche seiner Desanktifikation gescheitert waren, traten die Ältesten wiederum zu ihm und bedrohten ihn: „Wenn Du fortziehst, werden wir Dich erschlagen, damit wir wenigstens Deine Gebeine verehren können!" Er aber blieb gelassen, schnürte sein Bündel und wandte sich zum Gehen.

Da schritten sie zur Tat und drangen mit Äxten und Spießen auf ihn ein. – Darüber ward der Greis so erschrocken, daß er seinen Geist aufgab.

Wie wäre der Fall nach geltendem und künftigen deutschen Strafrecht zu beurteilen?

Die Wildsau

Ein im Walde in der Dämmerung herumstreifender Wilddieb hat in schneller Schußfolge einmal auf ein Wildschwein und einmal auf den ganz in der Nähe der Sau stehenden Oberförster gezielt. Durch einen der beiden Schüsse ist der Oberförster sofort tödlich getroffen worden. Aber es läßt sich nicht mehr feststellen, welcher Schuß es war. – Die Wildsau ist entkommen.

[1])

ist
ent-
Die Wild-sau kommen

Die denkbaren tatsächlichen Situationen des Sachverhaltes sind darzustellen und strafrechtlich zu beurteilen. – Alle drei standen so, daß sie keine Witterung voneinander hatten. Der Wind hat dieselbe fortgetragen.

[1]) Schubert, Forellen-Quintett (Opus 114).
Violine. Tema Andantino (Anfang).

Zwei arme Hunde

Sultan

Am Abend macht der Bauer den treuen Wachhund Sultan los von der Kette, um seinen Hof in der Heide zu schützen. Da steigt der Dieb über den Zaun. Wild stürzt sich Sultan auf ihn. Der Dieb erschießt das treue Tier.

Der heroische Pekinese

Die Courtisane Lu hält in ihrem Boudoir ein Pekinesenäffchen namens Li. Vor dem Schlafengehen wird Li eine Weile in den Park hinausgelassen, um die Teppiche zu schonen. Während Li munter über die Beete springt, steigt in der Mondnacht ein Dieb über das schmiedeeiserne Parktor. Mit wütendem Geschrei und mit dem Mute einer Dogge stürzt sich Li auf den Eindringling und beißt ihn ins Bein. Der Dieb ersticht die arme Kreatur.

Wie sind beide Fälle strafrechtlich zu beurteilen? Was verbindet, was unterscheidet sie? Sind Bauer und Courtisane, Dieb und Dieb, Hund und „Hund“ dasselbe?

Löwengeburt

Zu Ngere Okorongo, einem Medizinmann in der Kalahari, schleicht in Demutshaltung die hochtragende Löwin Lewa Hauna. Und hundert Meter hinter ihr brüllt Löwe-Vater wütend mit dem Schweif den Wüstensand schlagend. – Wir wissen ja: Er meint es nicht so. Er soll ja wohl. Es ist das leonische Imponiergehabe.

Dank Okorongos Kunst bringt die Leonessa sechs kleine spielende Löwen (leoncini) zur Welt.

Wäre Ngere Okorongo nach den Erfahrungen seiner gynäkologischen Praxis berechtigt, einer Missionarstochter aus Okahandja, die zu ihm gewandert ist, bei der vorzeitigen Abbrechung einer Schwangerschaft behilflich zu sein?

Wiegen und Waagen

Korbinian, der Meisterringer, trifft nachts auf der Straße seinen Stammtischbruder, den schmalbrüstigen Kanzlisten Federlein. Er spricht ihn an: „Komm, mal eben wiegen!“ Und schon packt er ihn und stemmt ihn, obwohl Federlein ängstlich ruft: „Korby, Korby! Nicht doch! Nicht doch!“ mit ausgestreckten Armen hoch über seinen Kopf. Dann stellt er ihn wieder auf die Beine und verabschiedet sich freundlich von ihm. Als Federlein zur Besinnung kommt, stellt er fest, daß seine Brieftasche fort ist. Aber Korbinian ist schon in der nächsten Kneipe verschwunden, wo er das dem Federlein abgenommene Geld versäuft.

Wie ist der Fall strafrechtlich zu beurteilen?

Der betrunkene Karneades

Karneades vollständig betrunken, treibt auf einer Planke im offenen Meer; mit ihm der Schiffsjunge. Die Wogen gehen hoch. Das Brett kann zwei Männer nicht mehr tragen. Da stößt Karneades den Schiffsjungen herunter.

Wie wäre der Fall strafrechtlich zu beurteilen, wenn die See spiegelglatt ist, Karneades aber in seinem Rausch annimmt, daß die Wogen hochgehen, und er darum den Schiffsjungen hinunterstößt?

De isig koole See

Vor der Schenke „Zur Seeschlange“ zu Greetsiel in Ostfriesland sitzt nachts der alte Kapitän Okko Okkenga mit verglasten Augen und trinkt ein Glas Grog nach dem anderen. Da erschallt aus dem nahen Hafen der schrille Hilferuf eines Ertrinkenden. Der alte Grönlandfahrer geht nicht zu dem nur 20 m entfernten Anlegesteg und wirft nicht dem mit den Wellen Ringenden einen Rettungsring zu. Er bleibt sitzen und murmelt immer nur vor sich hin: „Jo, jo, in de isig koole See, in de isig koole See.“

Wie ist der Fall strafrechtlich zu beurteilen?

Der Feldwebel und der Tod

Im Frühjahr 1915 fuhren die Feldwebel Lenz und Spring von der Front in Flandern auf kurzen Heimaturlaub. Am 10. April sollten sie sich wieder bei ihrer Kompanie melden.

In der ersten Nacht zuhause hatte Lenz einen Traum. Er sah einen Toten vor der Ruine von St. Gudula liegen und hörte den Hauptmann fragen: „Wer ist das?" „Das ist der Feldwebel Lenz – einen Tag nach seinem Urlaub."

Am nächsten Abend kam er mit Spring zusammen. Sie würfeln und trinken. Spring ist schwermütig: „Seitdem Clara mich verlassen hat, weiß ich, daß ich fallen werde." „Wenn er beim ersten Wurf mit zwei Würfeln elf Augen würfelt und beim zweiten Wurf mit einem Würfel vier Augen, dann weiß *ich*, daß er am 11. April fallen wird", denkt Lenz. – Und Spring würfelt wirklich so.

Als Spring gegangen war, sah sich der bleiche Lenz im Spiegel und sprach: „*Speak english, Mister Death, speak english! I send you Kamerad Spring.*"

In der Nacht zum 11. April ging eine Abteilung unter dem Kommando des Feldwebels Lenz in Stellung. Er wies Spring in den Posten an der Ruine von St. Gudula ein. An dieser Stelle brachen die Engländer durch. In einer Feuerpause wurden die Verwundeten fortgetragen und die Namen der Toten festgestellt: „His name is Spring, a sergeant", sagte der englische Sanitäter.

Wie wäre der Fall strafrechtlich zu beurteilen?

Der Traum des Lenz geht anders aus in der Erzählung von Friedrich Georg Jünger, Traum und Ende des Zugführers Lenz.

Jungvaterzorn

Gottfried, ein jungverheirateter Student, hat in der Werkstatt des Schreinermeisters Bose eine Wiege anfertigen lassen. Die Wiege ist fertig und soll am 2. Mai gebracht werden. Bereits am 27. April hat Gottfried den Preis von 250,– DM im voraus bar bezahlt. Am 10. Mai ist die Wiege immer noch nicht da. – Inzwischen ist das, was hineingehört, angekommen und muß in einen Grundig-Pappkarton gelegt werden.

Da packt den jungen Vater der Zorn. Heimlich steigt er nachts in die Werkstatt ein. Er irrt durch den dunklen Raum. Zugluft streicht herein. Da wackelt die Wiege im Winde. Er nimmt sie und bringt sie nach Hause.

Wie ist der Fall strafrechtlich zu beurteilen?

Sainte Marie dans le garage

Anna Maria Katharina Engefehr aus Havetoftloit in der Landschaft Angeln bringt in einer Garage in Bremerhaven ein Kind von einem fremden Matrosen zur Welt.

Der Tankstellenwart Hans Scholz legt den Knaben in einen Kotflügel und bettet ihn auf Werg. In verwirrter Verwunderung gießt er falsches Öl in den Motor eines Autos und verursacht dadurch einen Straßenverkehrsunfall.

Der amerikanische Neger John Smith vergißt im Anblick des Kindes eine Verabredung zum Mord. Sie fällt ihm auch nicht wieder ein.

Der Handlungsreisende Nowak sieht das Kind und telegraphiert seiner Bank, der von ihm eingereichte Scheck der Firma O. Brown & Co. sei gefälscht. Aber die Bank hat das Konto von O. Brown & Co. schon belastet.

Der arabische Student Abdel Nasser legt dem Kind einen gestohlenen Teppich zu Füßen.

– Die Mutter läßt es geschehen.

Wie müßten wir den Fall strafrechtlich beurteilen?